Poetry is one of the best ways to release emotional pressure,
increasing self-esteem and, at the same time, creating art;
the best way to touch other people's heart;
a way to make the audience laugh, feel love, disaffection
or even weep of happiness or sadness.
Poetry is a melody of the heart.

♪ ♪ ♪

La poesía es una de las mejores maneras de liberar presiones
emocionales, aumentando la autoestima y, a la misma vez, creando arte;
la mejor manera de tocar el corazón de las personas,
de hacer que la audiencia ría, sienta amor, desamor y hasta sollozar de
alegría o tristeza
La poesía es una melodía del corazón.

Melodies of the Heart
Melodías del Corazón
By/Por
Ana Arelys Cruz Cabrera
The Lady of Poetry / La Dama de la poesía
©2017

Melodies of the Heart Copyright © 2017 Ana Arelys Cruz Cabrera. Produced by Stillwater River Publications. All rights reserved. Written and produced in the United States of America. This book may not be reproduced or sold in any form without the expressed, written permission of the author and publisher.

Visit our website **at www.StillwaterPress.com** for more information.
First Stillwater River Publications Edition.

ISBN: 0-985-47724-5
ISBN-13: 978-0-985-47724-0

Library of Congress Control Number: 2017942520

1 2 3 4 5 6 7 8 9 10

Written by Ana Areyls Cruz Cabrera
Cover design by Laura Diaz-Alberto
Cover photo by Rocio Marte Poirier
Graphic Design by Joseph Marte
Editors (English): Lucille A. Amaral & MaryAnn Schroder
Editors (Spanish): Gladys Cruz & Adys Puello Cruz
Published by Stillwater River Publications, Glocester, RI, USA

Melodías del Corazón Copyright © 2017 Ana Arelys Cruz Cabrera. Publicaciones producidas por Stillwater River Publications. Todos los derechos reservados. Escrita y producida en los Estados Unidos de América. Este libro no podrá ser reproducido o vendido en cualquier forma sin la autorización expresa y por escrito del autor y editor.

Visite nuestro sitio web **en www.StillwaterPress.com** para más información.
Primera edición de Stillwater River Publications.

ISBN: 0-985-47724-5
ISBN-13: 978-0-985-47724-0

Biblioteca del Congreso Número de Control: 2017942520

1 2 3 4 5 6 7 8 9 10

Escrito por Ana Cruz Areyls Cabrera
Diseño de portada Laura Diaz-Alberto
Foto de portada por Rocio Marte Poirier
Diseño gráfico por Joseph Marte
Correctoras de estilo (en inglés): Lucille A. Amaral & MaryAnn Schroder
Correctoras de estilo (en español): Gladys Cruz & Adys Puello Cruz
Publicado por Stillwater River Publications, Glocester, RI, EE.UU.

DEDICATION/DEDICATORIA

Thanks to my children, sisters and brothers, with special love to my grandchildren (Emmanuel, Evelyn, Analise, Liliana and Victoria) and specially to all my followers, those who love my poems and songs.

Gracias a mis hijos, hermanas, hermanos, con amor a todos mis nietos (Emmanuel, Evelyn, Analise, Liliana y Victoria) y en especial a todos mis seguidores a quienes les gustan mis poemas y canciones.

Thanks with all my heart to my editors, love you
Gracias de todo corazón a mis correctoras de estilo, las adoro.

Karla P. Jaramillo, I will be everlastingly grateful!
¡Karla P. Jaramillo, siempre te estaré agradecida!

ABOUT THE AUTHOR

Ana Arelys Cruz Cabrera is a Dominican poet, writer and author. She holds a Bachelor's Degree of Arts in biology with years of experience as a Research Coordinator.

She has executed diverse volunteer jobs for nonprofit organizations in directive positions, as co-founder and facilitator of Las Comadres Para las Americas, co-chair of Active Latinos at Lifespan and treasurer of the Association of Professional Latinos of Rhode Island. She is a volunteer member of the Alumni Association of Rhode Island College, and a director of the Alumni Association Board of the Community College of Rhode Island.

The author whose pseudonym is "The Lady of poetry," has written two books titled Contrast of Two Cities Providence and Santo Domingo and Contraste de dos Ciudades Santo Domingo and Providence, the anthology Inspiration of the soul/Inspiración del alma as well as The Tourist Guide Santo Domingo and Providence, in English and Spanish. In 2015, she wrote and produced the composition Anthem to the fathers (Himno a los Padres) which pays tribute to the fundamental role developed by fathers in our society. It was created in English and Spanish and launched first in the city of Boston, MA and later released with a new musical production in Cranston, RI. She was one of the finalist to become poet laureate of the Stage of Rhode Island of 2016.

Ana Arelys Cruz Cabrera currently resides in Cranston, Rhode Island, where she works in the sleep medicine field, dedicating part of her time to her family, writing and promoting the cultural values of her two beloved motherlands, Santo Domingo and Rhode Island.

Adys Puello, B.A.

SOBRE LA AUTORA

Ana Arelys Cruz Cabrera es poeta, escritora y autora dominicana, licenciada en biología con años de experiencia como coordinadora de investigaciones científicas.

Ha realizado diversos trabajos voluntarios para organizaciones sin fines de lucro en cargos directivos, como co-fundadora y facilitadora de Las Comadres para las Américas, co-presidenta de Latinos Activos de Lifespan y tesorera de la Asociación de Profesionales Latinos de Rhode Island. Es miembro voluntario de la Asociación de Alumnos del Rhode Island College, miembro de la junta directiva de la Asociación de Alumnos de CCRI y fue coordinadora del Instituto de Liderazgo Latina de Rhode Island.

La autora, cuyo seudónimo es "La Dama de la Poesía," ha escrito dos libros titulados *Contrast of two Cities, Providence y Santo Domingo* y *Contraste de dos ciudades, Santo Domingo y Providence* e *Inspiración del Alma*, al igual que la Guía Turística Santo Domingo & Providence, en los idiomas inglés y español. En el año 2015, escribió y produjo el Himno a los Padres (Anthem to the Fathers), composición que resalta el rol fundamental que desempeñan los padres en nuestra sociedad; la cual fue realizada en los idiomas español e inglés, presentado inicialmente en la ciudad de Boston MA, y después fue lanzado con una nueva producción musical en la ciudad de Cranston, RI. Ella fue una de las finalista para la selección del poeta laureado del estado de RI del 2016.

Actualmente reside en el estado de Rhode Island, en los Estados Unidos, donde trabaja en el campo de la medicina del sueño, dedicando parte del tiempo a su familia, escribir y promover los valores culturales de sus dos amadas tierras, Santo Domingo y Rhode Island.

Adys Puello, B.A.

PREFACE

"Literature is a state of culture, poetry is a state of grace, before and after culture."
~ *Juan Ramon Jimenez (1881-1958)*

In this collection of poetry crafted by writer, author and poet Ana Arelys Cruz Cabrera, the reader will first be struck by her profound sense of place. In fact, throughout this work, it is often impossible to distinguish the profound love of her native Dominican Republic from the love of her adopted country, the United States. Perhaps it is a needless undertaking to even attempt to define this distinction. In a tangible sense, her work reflects the raw patriotism she demonstrates in her daily life – a life faithful to active community involvement, volunteerism and leadership in every community she serves.

Throughout this work, the heart and soul of Ana Arelys's voice and ear shine through plainly, planted firmly in the traditional and shared American and Dominican values of family, legacy and spirit.

These themes weave all through this work, binding it together, offering the reader a richness of message that only her unique voice could intend. Ana Arelys selects each word with great care, much like a composer might choose each note of a sonata, and whether consumed in silence or spoken aloud in either English or Spanish, her poems speak to a spectrum of human conditions. Friendship, justice, love, sorrow and even death, appear and perform as lively supporting actors on a stage, built from more universal messages.

It has been said that the aim of poetry is to teach and delight. If so, then in Melodies of the Heart, we propose that Ana Arelys has achieved both.

We're honored to have been asked to contribute, even in this very small way, to her newest collection. Her love of poetry, prose and the written word shine through with each and every phrase. We hope you will join us and enjoy this celebration of the work.

Dawn & Steven Porter
Founders of the Association of Rhode Island Authors

> *"The question is not what you are looking at –*
> *but how you look and whether you see it."*
> *~ Henry David Thoreau (1817-1862)*

PREFACIO

"La literatura es un estado de cultura, la poesía es un estado de gracia, antes y después de la cultura".
~ *Juan Ramón Jiménez (1881-1958)*

En esta colección de poesía elaborada por la escritora, autora y poeta Ana Arelys Cruz Cabrera, el lector será impactado por su profunda conexión con su comunidad. En efecto, a través de esta obra, resulta imposible distinguir entre su profundo amor por su natal República Dominicana y por el país que la adoptó, los Estados Unidos. Quizás, es innecesario el tan solo tratar de definir la distinción. De una forma tangible, su obra refleja el natural patriotismo que ella demuestra en su vida diaria; una vida auténtica a la participación, voluntariado y liderazgo en cada comunidad que ella le sirve.

A través de esta obra, el corazón y alma de Ana Arelys se expresan y se escuchan vibrar de extremo a extremo claramente, plantados firmemente en los tradicionales y compartidos valores de la familia americana y dominicana, su legado y espíritu.

Estos temas se entrelazan a través de esta obra, ofreciendo al lector un caudal de mensajes que solo la voz única de la poeta puede intentar; quien selecciona cada palabra con mucho cuidado, de la misma manera que un compositor elige cada nota de una pieza musical, y de cualquier forma, consumidos en silencio o exclamados en alta voz en inglés o español, sus poemas hablan a un espectro de condiciones humanas. Amistad, justicia, amor, tristeza y hasta la muerte, aparecen y ejecutan como dinámicos actores de apoyo, en un escenario construido desde mensajes más universales.

Se ha dicho que el propósito de la poesía es enseñar y deleitar. Si es así, entonces en Melodías del Corazón, nosotros entendemos que Ana Arelys ha logrado ambos.

Estamos honrados de que se nos haya pedido contribuir, aunque sea en esta forma tan pequeña, para su nueva colección. Su amor por la poesía, la prosa y las palabras escritas brillan a través de esta obra con cada una de sus frases. Esperamos que se unan a nosotros y disfruten la celebración de esta obra.

Dawn &Steven Porter,
Fundadores de la Asociación de Autores de Rhode Island

> *"La pregunta no es a qué estás mirando-*
> *sino cómo lo miras y si lo puedes ver."*
> *~ Henry David Thoreau (1817-1862)*

TABLE OF CONTENTS / INDICE

DEDICATION/DEDICATORIA i
ABOUT THE AUTHOR ii
SOBRE LA AUTORA iii
PREFACE iv
PREFACIO vi
PATRIOTIC POEMS/POEMAS PATRIÓTICOS 1
    Sovereignty 2
    Soberanía 3
    María Trinidad Sánchez 4
    María Trinidad Sánchez 5
    The Bay 6
    La Bahía 7
    Providence you are peace 8
    Providence eres Paz 9
    Life 10
    Vida 11
SONGS/CANCIONES 13
    My Merry Christmas 14
    Mi alegre Navidad 16
    A Smile 18
    Una Sonrisa 19
    It is my will 20
    Es mi albedrío 21
    Rhode Island Is Beautiful in the Spring 22
    La Belleza de Rhode Island en la Primavera 23
FAMILY VERSES/VERSOS FAMILIARES 25

My Inheritance...26

Herencia Mía...27

Both of you.. 28

Ustedes dos..29

Masterly Creation... 30

Magistral Creación...31

My unique sister..32

Mi hermana es única 33

VARIOUS TOPICS/TEMAS VARIADOS 35

Lady with the green earrings 36

La dama de los aretes verdes...37

A poet's heart... 38

El corazón de un poeta 39

Loneliness 40

Soledad 41

Snow 42

Nieve 43

Rumors..44

Rumores..45

Your freedom.. 46

Su Libertad 47

Tornado...48

Tornados...49

LOVE AND DISAFFECTION/AMOR Y DESAMOR.......................51

Scrutinize your heart...52

Escudriña tu corazón 53

You brighten my life...54

Iluminas mi alma..55

A Hug..56

- Un Abrazo 57
- Dreaming again 58
- De Nuevo Soñar 59
- Santa Claus 60
- Santa Claus 61
- When you love 62
- Cuando amas 63
- Both of us 64
- Nosotros dos 65
- You irrigate me 66
- Me irrigas 67
- Oh my God 68
- Oh mi Dios 69

ELEGY/ELEGÍA 71
- You came 72
- Viniste 73
- To Fly 74
- Volar 75

PATRIOTIC POEMS

These poems express my interest, value and love for my motherland and for the places that for many years have opened their arms and welcomed me.

♪ ♪ ♪

POEMAS PATRIÓTICOS

Estos poemas expresan mi interés, valor y amor por mi tierra natal y por los lugares que por tantos años me han abierto sus brazos y me dieron la bienvenida.

Sovereignty
(1844-1865)

In her skirt Maria Trinidad Sanchez was carrying the gunpowder for the
cause she sponsored, which with rapid skillfulness the patriots utilized;
to announce the motherland, the conquered liberty
and later to defend our sovereignty.

From Mella to Luperon,
whom with dedication and tenacity
proclaimed the first,
and the second one defended,
to return our sovereignty.
Planned and announced by Duarte
and with Luperon the Dominican with much bravery recovered;
who the unjust Dominican, Pedro Santana, had sold;
and which army by the same Luperon was dominated;
and after many struggles, forcing the Spaniards
to return what belonged to us,
our SOVEREIGNTY.

Soberanía
(1844-1845)

En su falda, la pólvora para la causa a patrocinar María Trinidad Sánchez
cargaba, la cual con ágil maestría los patriotas utilizaban;
para anunciar a la patria la libertad conquistada,
y más tarde para defender nuestra soberanía.

Desde Mella a Luperón
que con dedicación y tesón
anunciaba el primero
y el segundo defendía
para devolvernos nuestra soberanía.
que planificada y anunciada por Duarte
y con Luperón los dominicanos con mucho valor restablecían,
la cual el desleal dominicano, Pedro Santana, había vendido;
y cuyo ejército por el mismo Luperón fue vencido,
después de muchas luchas obligando a los españoles
a devolvernos lo que nos pertenecía,
nuestra SOBERANIA.

María Trinidad Sánchez
(1794-1845)

In silence her fight she personified
and from the shadows
for her motherland she combatted,
sewing thread by thread
and stitch by stitch
the Dominican flag,
together with Concepcion Bona
Isabel Sosa, Maria de Jesus Pina
Ana Valverde and Las hermanas Villa.

Aunt of the patriot Francisco del Rosario Sanchez,
the only patriot assassinated
for inexhaustibly defending the Dominican Independence.

Maria Trinidad Sanchez, first Dominican heroine, who due to her refusal
to betray the patriots, the first Dominican president, Pedro Santana
without clemency had her arrested,
Tortured,
and, by tribunal decision,
had her executed.

Valiant woman of precise talk,
pride of the Dominican motherland.

María Trinidad Sánchez
(1794-1845)

En silencio su lucha encarnó
y desde la oscuridad
por su patria batalló,
cosiendo hilo a hilo
y puntada a puntada
la bandera dominicana,
junto a concepción Bona,
Isabel Sosa, María de Jesús Pina,
Ana Valverde y Las hermanas Villa.

Tía del patricio Francisco del Rosario Sánchez,
el único patricio fusilado
por defender inagotablemente la independencia dominicana.

María Trinidad Sánchez, primera heroína y líder política, que cuando a traicionar a los patriotas se negó, el primer presidente dominicano, Pedro Santana sin piedad la encarceló,
Torturó,
y por decisión de un tribunal,
Fusiló.

Mujer valiente de palabra diestra,
orgullo de la patria dominicana.

The Bay
Rhode Island

Look at its mass of powerful water when crossing the Pell Bridge;
it will make you wonder,
how well-utilized it is!
Boats, lighthouses, vegetation and refreshing beaches
at many points of its length.
Its immense oceanic accumulation
supports the existence
of many aquatic species
that at the same time helps to sustain our subsistence.

When in Providence City,
right where the Providence River births,
the beauty is colossal, for a river that ends at the bay,
gives this city its most eye-catching final touch;
inviting us to navigate through the river,
listening to a song intoned by one of the gondoliers
and harmonized by the sound of the river.

Narragansett Bay,
romantic,
poetic,
distinctive,
inviting,
overall striking;
regardless of the town it bathes,
with its blue at times crystalline water,
it touches my heart
and tempts me to dance.

La Bahía
Rhode Island

Al mirar la poderosa afluencia de agua cuando cruzas el Puente Pell;
te preguntaras,
qué bien utilizada está!
Botes, faros, vegetación y refrescantes playas
en muchos puntos de su trayecto.
Su inmensa acumulación oceánica
aporta a la existencia
de muchas especies marinas
que a la misma vez ayudan a sostener nuestra subsistencia.

Cuando estamos en la ciudad de Providence,
donde el Río Providence nace,
la belleza es colosal, para un rio que termina en la bahía,
dándole a ésta su más atractivo toque final;
invitándonos a navegar a través del río
escuchado una canción entonada por uno de los gondoleros
y armonizada por el sonido del río.

Bahía de Narragansett,
romántica,
poética,
distintiva,
invitante,
sobre todo sorprendente;
sin importar los pueblos que baña,
con su agua azul, algunas veces diáfanas,
toca mi corazón
y me incita a danzar.

Providence you are peace

No, it is not you Providence,
there are a few of those who inhabitant
and visit you.

You are harmony, peace and invitation.
A blue sky transparent among the clouds,
that conquers us with the playfulness of your winds.

No, no, no Providence, it is not you,
there are a few of those who inhabitant or visit you,
that interrupt the pleasant sound
of the rivers that harmonize with you.

Axiomatic, it is not you Providence,
there are a few of those who visit and inhabitant you
who cannot find the way,
for everybody to live in peace and fraternity
in your natural environment of richness and spontaneity.

Providence eres Paz

No eres tu Providence,
son algunos de los que te habitan
y visitan.

Tu eres armonía, paz e invitación.
Un cielo azul transparente entre las nubes,
que nos conquistas con la travesura de tus vientos.

No, no, no Providence, no eres tú,
son algunos de los que te habitan y visitan
los que interrumpen el plácido sonido
de los ríos que te armonizan.

Axiomático, no eres tu Providence,
son algunos de los que te visitan y habitan,
que no encuentran la manera
para que todos vivamos en paz y fraternidad
en tu ambiente de riquezas y espontaneidad.

Life

For what good is all the beauty,
many constructions and so much education
when the lives of the citizens have no value and they are without protection.

Authorities are established to protect the citizens,
without taking into account where they live,
how they live,
their preferences,
who they love
or how much they make.

If that type of protection doesn't exist,
the authority should not exist either,
that's their primary function: our future.

If it isn't that way, the authority lacks honor
and the city will sooner or later be abandoned,
because we do nothing without our children and,
in general, our citizens protection.

Vida

De qué sirve tanta belleza,
tanta construcción, y tanta educación
cuando la vida del ciudadano no tiene valor y está sin protección.

Las autoridades se establecen para proteger
a sus ciudadanos, sin importar donde viven,
como viven
lo que prefieren,
a quienes aman
o cuánto ganan.

Si esa protección no existe,
las autoridades no deben existir;
esa es su primordial función: nuestro porvenir.

Si no es así, esa autoridad está deshonrada
y la ciudad será tarde o temprano abandonada
porque no hacemos nada sin la protección de nuestros niños y,
en general, del ciudadano.

SONGS

Emotive expressions accompanied by melodies when created.
Where the poet can imagine instruments and the rhythm
for each written word.

♪ ♪ ♪

CANCIONES

Expresiones emocionales acompañadas por melodías cuando son creadas.
Donde el o la poeta puede imaginar los instrumentos y el ritmo
por cada palabra escrita.

My Merry Christmas

My Merry Christmas
that leaves lasting memories
not for the gifts I receive,
but for the special love, from Mom and Dad. (repeat)

With its bright colors,
I wake up
with happiness and daydreams
of helping Mom put on the little lights,
that adorn our Christmas tree, our Christmas tree.

It touches my heart to give a little flute
to my little brother,
so he can play the carols of the season
on Christmas, on Christmas.

My Merry Christmas
that leaves lasting memories
not for the gifts I receive,
but for the special love
from Mom and Dad. (repeat)

I always wait for it with hope,
it inspires peace,
celebration, family happiness
and joins all of us in a hug and Christmas carols of love, uh of love.

My Merry Christmas
That leaves lasting memories,
not for the gifts I receive,
but for the special love
that I get from Mom and Dad.

My Merry Christmas
That leaves lasting memories,
not for the gifts I receive,
but for the special love
that I get from Mom and Dad on Christmas.

Mi alegre Navidad

Mi alegre Navidad
que en mi deja huellas,
no por los regalos que recibo,
sino por el especial amor que me dan Mamá y Papá (repetir)

Con sus brillantes colores,
despierto
con alegría e ilusión
de ayudar a mamá a colocar las lucecitas,
que adornan nuestro arbolito en la Navidad.

Ella toca mi corazón para regalarle una flauta
a mi hermanito,
para que pueda tocar los villancicos
en la Navidad, en la Navidad.

Mi alegre Navidad
que en mi deja huellas,
no por los regalos que recibo,
sino por el especial amor
que me dan Mamá y Papá (repetir)

Siempre la espero con ilusión,
inspiras paz,
festejos y alegría familiar
y nos unes a todos en abrazos y canticos de amor, de amor.

Mi alegre Navidad
que en mi deja huellas,
no por los regalos que recibo,
sino por el especial amor
que me dan Mamá y Papá

Mi alegre Navidad
que en mi deja huellas,
no por los regalos que recibo,
sino por el especial amor
que me dan Mamá y Papá, en la navidad.

A Smile

A smile, how powerful!
A smile opens doors,
makes others smile
and has a magic impact on the one who gives it.

It comes from your soul
and in the soul is received
caressing without touching those that perceive it.

Smile more
show your kindness
and make people happy. (repeat)

A smile pleases the face,
harmonizes and gives energy
extracting sparks
to your eyes.

It welcomes without speaking;
it could penetrate your heart
leaving us with memories
pleasant and unforgettable.

Smile more
show your kindness
and make people happy (repeat)

A smile conquers friends,
could unwind contradictions
and is a generous medicine that you assimilate.

It sweetens hearts
and loves us with passion.

Smile more, show your kindness
and make people happy. (repeat)

Una Sonrisa

Una sonrisa, ¡qué potente!
Una sonrisa abre puertas,
hace sonreír a los demás
teniendo un impacto mágico en quien la da.

Esta sale del alma
y en el alma se recibe,
acariciando sin tocar al que la percibe.

Sonríe más,
muestra tu bondad
y haz feliz a los demás. (se repite)

Una sonrisa alegra el rostro,
entona y da energía,
sacando chispas
a tus ojos.

Da la bienvenida sin hablar,
puede penetrar tu corazón
dejándonos recuerdos
agradables e imborrables.

Sonríe más,
muestra tu bondad
y has feliz a los demás. (se repite)

Una sonrisa conquista amigos,
logra suavizar las mentises
y es medicina generosa que asimilas.

La sonrisa endulza corazones
y nos enamora con pasiones.

Sonríe mas, muestra tu bondad
y haz feliz a los demás. (se repite)

It is my will

Feeling you through my body
as the stones to the river,
it is my will.

To discover myself in your eyes,
as lava burns and melts you with me,
it is my will.

Not recognizing my body
by fusing it with yours,
it is my will.

It is an easy thing,
and it is marvelous,
to undo your hair,
to excite you,
to bite your chin
come back to life
and enjoy it with you.
It is my will.

Es mi albedrío

Pasearte sobre mi cuerpo
como las piedras al río,
es mi albedrío.

Descubrirme en tus ojos,
como lava arder y derretirte conmigo,
es mi albedrío.

Desconocer mi cuerpo
al fusionarlo contigo,
es mi albedrío.

Es cosa sencilla,
pero una maravilla
despeinarte,
alborotarte,
morder tus mejillas,
volver a la vida
y disfrutarla contigo,
es mi albedrio.

Rhode Island Is Beautiful in the Spring

Rhode Island is beautiful in the spring,
and it is sprinkled over its neighborhoods and cities,
the Atlantic Ocean and the bay that limit it.

Rhode Island is beautiful in the spring.
from Bristol to Olneyville,
Cranston, South County,
Central Falls, Portsmouth,
Providence, Newport, Woonsocket, Warwick
East Providence and Westerly.

Rhode Island is beautiful in the spring.
Even if it is raining,
Sunny
and

Raining again
Rhode Island is beautiful in the spring
Melting my heart with it.

La Belleza de Rhode Island en la Primavera

Rhode Island es hermoso en la primavera
y ésta es salpicada sobre sus vecindarios y ciudades
el Océano Atlántico y la bahía que los limitan.

Rhode Island es hermoso en la primavera
Desde Bristol a Olneyville,
Cranston, South County,
Central Falls, Portsmouth,
Providence, Woonsocket, Warwick
East Providence y Westerly.

Rhode Island es hermoso en la primavera.
Aún si está lloviendo,
Soleado
Y

Llueve otra vez
Rhode Island es hermoso en la primavera
Derritiendo mi corazón con su belleza.

FAMILY VERSES

One of the most heartfelt inspirations that a poet experiences, feelings are intense and so deeply felt.

♪ ♪ ♪

VERSOS FAMILIARES

Una de las más genuinas inspiraciones que un poeta o poetisa puede experimentar, los sentimientos son intensos y profundamente sentidos.

My Inheritance

Irrefutable, when you speak, the composure of your voice sounds like mine.
The shape of the palm of your hands and your glance
are reflections of mine,
a mirror of mine
son of my life.

Undeniable, you are my inheritance; that proof that in me I do not end,
and I perpetuate
in your details,
smile and walk
that are simply very similar to mine.
I am proud of your personality traits because they are the same as mine.
Definitely, you are my inheritance.

Herencia Mía

Irrebatible, cuando hablas, la compostura de tu voz se parece a la mía.
La forma de la palma de tus manos y como miras
son mi reflejo
mi espejo
hijo de mi vida.

Inevitable, eres herencia que demuestra que domino que en mi no termino
y se prolonga
en tus detalles,
en tu sonrisa, en tu caminar
que son sencillamente igualitos a los míos.
Presumo de tus encantos, porque son los mismos míos;
eres indiscutiblemente herencia mía.

Both of you

Sometimes for your love I feel fragile.
In many other times my weakness for you is noticeable;
and on occasions, I miss you even more.
But most of the time my worship for both of you is obvious.

A son and a daughter
completing the continuation of my existence
and fulfilling all my adolescent dreams
of becoming and feeling the unpredictable affection
and absolute abnegation that only a mother could achieve.

Knowing they have grown,
but the love I have inside me have not felt it.
God, I never knew of a more perfect connection.

Ustedes dos

Algunas veces por su cariño soy débil.
En muchas otras se nota por ustedes mi debilidad, algunas veces soy fuerte como los demás.
En otras los extraño mucho más.
Pero la mayoría de las veces se nota por ustedes mi debilidad.

Un hijo y una hija,
completando la continuación de mi existencia
y llenando todos mis sueños de adolescente.
De completar y sentir el impredecible afecto
que solo una madre puede percibir.

Sabiendo que han crecido,
pero este cariño que llevo dentro no lo ha sentido.
Dios, nunca supe de una conexión tan perfecta.

Masterly Creation

God gave me only one heart but when I had my children I lost it,
it belongs to them;
and to them I have dedicated my days,
With loving care
Without objection,
Or calculations,
But with loyalty and admiration.
They are my Masterly creation!!!

Magistral Creación

Dios me dio un solo Corazón, pero cuando tuve a mis hijos lo perdí,
 le pertenece a ellos;
y a ellos he dedicado mis días
Cuidándolos con amor,
Sin objeciones,
O calculaciones,
Pero con Lealtad y Admiración
Ellos son mi magistral creación!!!

My unique sister

There are people born with their own talent,
others could acquire it,
but the capacity to love
and give love to others is a quality of very few.

Sincerity,
Honesty,
Dedication
and overall,
the love that touches all of us.

She is like that,
we all admire and respect her, and her advice we always look for.
Regardless of the time, she is always near us.
She treats all of us equally;
and we know that she specially loves each one of us.
She is that way, of all female offspring, the first one born.

She has given us a great example of tenacity and perseverance.
In her soul, love is abundant,
she is full of affection, sincerity
and is filled with kindness
and naturalness.

Mi hermana es única

Hay personas que nacen con su propio talento,
otros pueden obtenerlo,
pero la capacidad de amar
y de poder brindar amor a los demás es una cualidad de algunos nada más.

Sinceridad,
Honestidad,
Entrega,
y sobre todo,
el cariño que a todos nos llega.

Así es ella,
todos la admiramos, respetamos y sus consejos siempre buscamos.
Sin importar la hora, con nosotros siempre está.
Nos trata a todos por igual,
y sabemos que nos quiere a cada uno con un cariño sin igual.
Así es ella, de todos los retoños femeninos fue el inaugural.

Ella nos ha dado un gran ejemplo de tenacidad y perseverancia.
En su alma de amor hay cantidad.
Está llena de ternura, sinceridad
y esta colmada de bondad
y naturalidad.

VARIOUS TOPICS

A special group of poems where the topic ranges from friendship, popular and social themes, among others.

♪ ♪ ♪

TEMAS VARIADOS

Un grupo especial de poemas donde el tópico puede variar desde amistad, temas populares y sociales, entre otros.

Lady with the green earrings

Green earrings sparkling and distinguishing the features of her face
her kindness,
and the tenderness
of her heart,
but most importantly her nurturing distinctiveness.

Green earrings with huge pebbles
like the pupils of her eyes,
that easily reveal her mood,
thoughts
and authenticity of her spirit.

Green earrings that as the chlorophyll
reflects the hopes deep from her soul.

La dama de los aretes verdes

Aretes verdes brillando y distinguiendo sus características faciales,
su bondad
y su adorable
corazón.
pero más importante sus distintivas características maternas.

Aretes verdes con piedras grandes
como la pupila de sus ojos,
que fácilmente revelan su actitud,
pensamientos
y la autenticidad de su espíritu.

Aretes verdes que como la clorofila
reflejan las esperanzas desde my adentro de su alma.

A poet's heart

Touch the heart of a poet
and the melodies will emerge,
will move
and as floating flowers,
on the river will flow.

While more emotions you provoke,
more metaphors you place;
and the poet's inspiration as lava will erupt,
and with the same tenderness, they will tenderize you;
because the poet quickly could express,
manipulate
and with cleverness
your heart caress.

El corazón de un poeta

Tócale el corazón a un poeta
y las melodías surgirán,
se moverán
y como flores flotantes
en un rio fluirán.

Mientras más emociones provocas
más metáforas colocas;
y la inspiración del poeta como lava brotarán,
y con la misma tibieza te enternecerán;
porque el poeta, las puede rápidamente expresar,
manipular
y con destreza
tu corazón acariciar.

Loneliness

This loneliness is set deep in my soul
I don't deserve it, this calms me.
But it is persistent and doesn't appease.

I reinvent and reinvent but the desert
persists, how much I regret it.
I would love it to be different,
there is so much affection in my heart to give.
God knows with certainty
and I consent it.

Soledad

Esta soledad esta clavada en mi alma,
inmerecida, eso me calma,
pero persistente y no se desalma.

Innovo e innovo y el desierto
perdura, cómo lo siento.
Cuanto me gustaría que fuera diferente,
tengo tanto cariño en mi corazón para dar.
Dios sabrá con acierto
y lo consiento.

Snow

White as clouds on a sunny day,
puffy as a teddy bear
slowly falling down
whitening the earth, mountains dwellings, and meadows.

There is snow everywhere,
on the roofs forming icicles.
The rivers, lakes, and the pine trees
are enhanced by the snow, that when falling down touches the river;
like little pieces of filaments
reflecting a spectrum of colors
and radiating peace and contentment.

Spectacular event that nature provokes,
changing the view of the complete city
and our home's dynamic,
and enforcing family curfew, games, pleasure and shovels.

White and cold snow that as confetti
are falling directly on our faces
when like kids
and with our kids
we play looking at the sky,
sledding through the mountains
filled with happiness

Nieve

Blanca como las nubes en un día soleado
infladas como muñecos de pelusa
cayendo lentamente emblanqueciendo
la tierra, montañas, campiñas y casas

Hay nieve en todas partes,
en el techo formando agujas de hielo.
Los ríos, lagos y pinos
se embellecen con la nieve que cayendo pica en el río,
como pedacitos de filamentos
reflejando gamas de tonos
que irradian paz y alegría.

Espectacular evento que la naturaleza provoca
cambiando la apariencia de la ciudad completa;
y la dinámica en nuestras casas,
imponiendo el toque de queda familiar, juegos, placer y palas.

Blanca y fría nieve que como confeti
va cayendo directamente en nuestros rostros,
cuando como niños
y con nuestros niños
jugamos mirando al cielo
al deslizarnos por las colinas colmados de júbilo.

Rumors

Rumors, malefic, unkind
and popular.

They catch everybody's attention,
they are distinguished more than a graduation
or an act of love.

The more malicious
and juicy,
the greater their popular index.

Propagated by many,
Some of them with subtlety,
Others with great dexterity
and without any type of poverty.

Very few ignore them,
although the contrary they tell us.
In reality, rumors tend to catch the attention of all people.

They are presented in low voice,
in secrecy, in confidentiality,
but they are propagated
at full speed.

Although, it is denied and argued that they have no authority,
they create more impact and anxiety than the same true;
and in importance, they win to the news;
that only a few people they want to invoke,
but they are known by many effortlessly,
because the whisper goes at full speed
and God knows of their unkindness

Rumores

Rumores, maléficos, implacables
y populares.

A todos les llaman la atención,
se distinguen más que una graduación
o un acto de amor.

Mientras más maliciosos
y sustanciosos,
mayor índice populoso.

Propagados por todos,
Unos con sutileza,
Otros con gran destreza
y sin ningún tipo de pobreza.

Muy pocos lo ignoran
aunque lo contrario nos cuenten.
En realidad los rumores tiende a acaparar la atención de toda la gente.

Son presentados en voz baja
en secreto, confidencial,
pero son propagados
a toda velocidad.

Aunque se niegue y discuta que no tienen autoridad,
crean más impacto y ansiedad que la misma verdad;
y en importancia a la noticia le gana en notoriedad,
que a muy pocas personas quieren enterar,
pero llegan a todos con mucha facilidad
porque el murmullo va a toda celeridad,
y Dios sabe de su falta de bondad.

Your freedom

When you act to please others
afraid to lose their friendship,
this is not freedom.

Liberty is doing what you wish,
assuming the responsibility
of causing no harm to yourself or others.

When a friendship
or any other type of relationship
limits your freedom
and you depend on somebody else,
that weakens your liberty.

The economic or social dependency
diminish your authonomy.

Dependency will lead you to injustice,
to act against your own free will;
and every day, it will increase
until becoming intolerable,
promoting you to ignore injustice,
true
and will demand from you more every day.

Liberty is a sacred possession, it gives you the authority
to see reality;
it is a gift that we should protect,
value
and take care of,
which for no reason we should exchange.

Your liberty is yours,
a gift from God
that only you should manage and enjoy.

Su Libertad

Cuando usted actúa para complacer a los demás
por temor a perder su amistad,
eso no es libertad.

Libertad es hacer lo que usted desea,
asumiendo la responsabilidad
de no hacerse daño a usted mismo o a los demás.

Cuando una amistad
o cualquier tipo de relación
compromete su autonomía
y usted depende de alguien más,
eso debilita su libertad.

La dependencia económica
o social disminuye la autonomía.

La dependencia lo lleva a la injusticia,
a actuar en contra de su misma voluntad,
y cada día se incrementa más
hasta llegar a la intolerabilidad;
impulsándote a ignorar la justicia,
la verdad
y te exigirá cada día más.

La libertad es un don sagrado, te da la autoridad
de ver la realidad,
es un obsequio que lo debemos resguardar
valorar
y cuidar,
que por nada debemos intercambiar.

Su libertad es suya,
un regalo de Dios
que solo tú debes manejar y disfrutar.

Tornado

Without warning I was placed under a tornado
When listening the thunders, with my bare hand I made a hole
While with its intense power it was attacking me
I started to utilize and modify what was within its net.

With the cold hail, I cured my wounds
With the torrential Downpour
my new fruits I irrigated
In the cloudiness of the storm the memories and pain were buried
and with the impetuous wind to other unimaginable places I flew.

You should know how to transform each element
that destiny brings your way. Do it in your favor.

Tornados

Me colocaron sin aviso debajo de un tornado
Cuando escuchaba los truenos, con mis propias manos hice un hoyo
Y mientras con su inmensa furia me atacaba
empecé a utilizar y modificar lo que había entre sus redes

Con los granizos cure mis heridas
Con los torrenciales aguaceros mis nuevos frutos irrigué
En la neblina del tornado el recuerdo y el dolor enterré
Y con el impetuoso viento a otros inimaginables lugares volé

Tu sabrás como transformas cada elementos
que te proporciona el destino.
Hazlo a tu favor.

LOVE AND DISAFFECTION

The mischief of the heart are a potent fountain of inspiration. Poems that sprout from an enthusiastic heart committed to love, sadness or hurting for the lost loved one.

♪ ♪ ♪

AMOR Y DESAMOR

Las travesuras del Corazón son potentes fuentes de inspiración. Poemas que brotan de un corazón entusiasmado y comprometido por amor, dolido o triste por el amor perdido.

Scrutinize your heart

To know who you love,
knowing how to woo him
and without limitations knowing how to keep him.

Without ignoring the palpitations,
the breathtaking emotions
and also the reasons
that leave you breathless.

It is not only capricious that sensation,
nor imagination
it is only how your heart manifests itself.

Give it life
Strength
Hope
Passion
and overall dedication
and without it hurting you give him all your love.

Escudriña tu corazón

Saber a quién se ama,
saberlo cortejar
y sin reservas, saberlo conservar.

Sin ignorar las pulsaciones,
las emociones
y también las razones
que te dejan sin aliento.

No es solo capricho esa sensación,
ni tampoco imaginación,
es solo como se manifiesta tu corazón.

Dale vida
Fortaleza
Esperanza
Pasión
Sobre todo dedicación
y sin que te duela, todo tu amor.

You brighten my life

I cannot fall asleep;
I have thousands of lights shining in my brain
that sparkle and illuminate;
and my heart like an asterisk is on
producing emotions,
that my nerves
control
and invalidate.

All my body is invaded
by multidirectional signals;
very powerful lights
and the heat they generate
tenderly connect my uneven impulses
in a softly and touching manner;
my limbic system doesn't know how to control itself
and only make me wish
to have you near me.

The memory is distorted
and only your picture is on the window
I see so much kindness on your face
that I wish to caress it.

Iluminas mi alma

No puedo el sueño conciliar;
tengo un millar de luces en mi cerebro encendidas
que brillan e iluminan;
mi corazón como estrellitas está prendido
produciendo emociones,
que mis nervios
controlan
e invalidan.

Todo mi cuerpo es invadido
por señales multidireccionales;
tan potentes luces
y el calor que producen,
que enlazan sublimemente mis impulsos, desnivelando
de una manera memorable,
tierna y apasionante mi sistema límbico;
el cual ya no sabe cómo controlarse
y solo me hacen cerca desearte.

La memoria está trastornada
y solo tu nombre está en la ventana,
es que veo tanta bondad en tu cara
que arrullarla deseara.

A Hug

A hug if happiness we harbor,
if sadness we find,
if success we obtain.

A hug to seal
cure
and celebrate

A hug to share,
Comprehend,
Praise
Concede
and over all to love.

A simple embrace
that fills up our pockets
of what money could never confer.

A hug transmits trust
sincerity
friendship
comprehension
an even forgiveness.

A tender hug
to smooth the soul
that makes it vibrate when you breathe.

Un Abrazo

Un abrazo si alegría albergamos,
si tristezas encontramos,
si triunfos logramos.

Un abrazo para sellar,
curar
o celebrar.

Un abrazo para compartir,
Comprender,
Honrar,
Conceder
y sobre todo amar.

Un abrazo sencillo
que nos llene los bolsillos
de lo que el dinero jamás podría.

Un abrazo transmite confianza
sinceridad,
amistad,
comprensión
y hasta perdón.

Un abrazo tierno
que enternezca el alma
y la haga vibrar cuando respiras.

Dreaming again

You have opened the doors.
Through the windows the refreshing breeze is coming in
and a light full of hope
illuminates my chest once more.

How beautiful
this dream that although small
my heart knows how to enthrall.

The green is beautiful
the trees are too;
they are the color of hope
that love could emerge.

De Nuevo Soñar

Has abierto las puertas.
Las ventanas su brisa refrescante dejan pasar
y una luz llena de esperanza
en mi pecho volvió a alumbrar.

Qué bonito
este ensueño que aunque chiquito
 mi corazón sabe deslumbrar.

El verde es lindo,
los árboles también;
son el color de la esperanza
de que el amor puede llegar.

Santa Claus

I again believed in Santa Claus,
because so sincere you appeared
when you were telling me
how much about me you inquired.

I again believed as a child that the sleigh
was going through the moon, and I was watching it,
to the compass of the stars
with the brightness of each one of them.
I imagined you trying to reach me
among them, while I was getting lost in the midst of them.

I again believed in Santa Claus,
and forgot that he never brought me anything,
not even a slip for my dress.

How beautiful!
I again believe in Santa Claus,
and, I was again able to have beautiful dreams.

Santa Claus

Volví a creer en Santa Claus,
porque tan sincero parecías
cuando me decías
cuanto sobre me inquirías.

Volví como niña a creer que el trineo
por la luna pasaba, y yo lo divisaba,
al compás de las estrellas
con la brillantez de cada una de ellas;
y te figuré tratando de alcanzarme
mientras me perdía entre ellas.

Volví a creer en Santa Claus
y me olvidé que tantas veces nada me trajo,
ni siquiera un refajo.

Qué lindo!
Volví a creer en Santa Claus
y volví a soñar bonito.

When you love

When you love someone, there are no calculations of
Pain,
Lost or
Risk

When you love someone, there is no obligation,
but humility and kindness;
the loved one's happiness
is your reward
your award.

When you love someone, the happiness is shared
and feelings fused to the couple in love.

When the magic of loving someone takes place,
your heart and mind interlace
onto each other
with only one purpose,
the safe contentment
of both of you.

There is no long distance,
or obstacles; even Neptune appears at a shorter distance.
When you deeply love someone, you are full of excitement
and ready to conquer the stars
seeing that the loved one is one of them.

Cuando amas

Cuando amas a alguien, no hay calculaciones de
Dolor,
Perdida o
Riesgo.

Cuando amas no hay obligaciones
solo humildad y bondad.
Su felicidad
es tu recompensa
tu galardón.

Cuando amas a alguien, la felicidad es un sentimiento compartido
y fusionado entre los enamorados.

Cuando la magia de amar a alguien empieza,
tu corazón y tu mente se entrelazan
en una sola persona,
con un solo objetivo
la alegría protegida
de los dos.

No hay larga distancia
u obstáculos; hasta Neptuno parece estar en un corto trayecto.
Cuando amas a alguien estás lleno de emociones
y listo para conquistar las estrellas,
porque para tí la persona amada es una de ellas.

Both of us

Vibrations of love
is what you make me feel,
electrifying energy
that infiltrates and stimulates me.

Feelings and the inability
to react to anything else,
but the need to embrace you and even something else;
it is definitely what happens to me
when I hear your warm, sensitive
and loving voice.

As a radiant night, like the day's sunshine
and as the snowy looking moon appears to dance with the sun
incentivized by the applause of the stars,
making me feel how delightful it will be to be in your arms and
surrounded by the stars;
making us believe that we are really at the sky and enjoying this fantasy,
it is simply majestic.

Nosotros dos

Vibraciones de ternura
es lo que me haces sentir,
electrizante energía
que se infiltra y me estimula.

Sentimientos e incapacidad
de reaccionar a nada más
pero a la necesidad de abrazarte y aún más;
es exactamente lo que me pasa
cuando escucho tu voz caliente, sensitiva y afectuosa.

Como una noche radiante, como la luz del sol
y la luna que como nieve resplandece y parece que baila con el sol
incentivados por los aplausos de las estrellas
haciéndome sentir lo maravilloso que sería el estar entre tus brazos y
alrededor de todas ellas;
llevándonos directo a alcanzar el cielo y disfrutando su quimera
es simplemente magistral.

You irrigate me

Your love irrigates me
fertilizes me
and makes me grow
beautiful hopes.

Like those little ants
that plants care for
to nurture them,
so you manage to nurture,
with only loving me,
my deepest hopes;
and without wishing it,
you demonstrated me
that I am alive to love you.

A love that could emerge
from the admiration I have for you,
and the hope kept
very deep in your heart
and that you said have many wishes to make come true.

Me irrigas

Tu amor me irriga,
fertiliza
y hace crecer
hermosas esperanzas.

Como esas hormigas simbióticas que las plantas abrigan
para alimentarlas;
así alcanzas a nutrir,
con solo amarme,
mis más intimas esperanzas;
y sin ambicionarlo,
me demostraste
que si estoy viva para amarte.

Un amor que puede surgir
de la admiración que siento por ti
y de las esperanzas cobijadas
muy dentro de tu alma.
y que dices tener muchas ansias de cultivar.

Oh my God

Oh my God
Protect me I plead

Of beautiful dreams I am made
since he wrote to me
and his name so much happiness made me feel.

I do not know
if it is my wish to love
or maybe to know that I am loved

The only thing I know
is that I have been able to dream
again and feel those adolescent dreams,
that in my heart provoke tenderness
and rhythmically make my heart beat.

I do not know if it was what he was saying
or how he was saying it;
the only thing I know is that as a guitar
that we are learning to play, the same way
sound the musical notes that I was listening,
convinced that at the end, the rhythm we will obtain.

To inspire his love for so many seasons,
has originated a few songs.

Oh mi Dios

Oh mi Dios,
protégeme te pido.

De ilusiones estoy colmada
desde que me escribió
y su nombre de alegría me llenó.

No sé si será el deseo de amar
o quizás de sentirme amada;
lo único que se
es que he vuelto a soñar,
y apreciar
esa ilusión de adolescente,
que a mi corazón tibieza provoca
y arrítmicamente hace palpitar.

No sé si es lo que me decía;
o como lo decía,
lo único que se
es que como una guitarra
que estamos aprendiendo a tocar,
así sonaban las notas que escuchaba
convencida de que
al final el ritmo lo íbamos a lograr.

Inspirar su amor por tantas estaciones
ha originado varias canciones.

ELEGY

Poetry inspired by the deep sorrow felt
when loved ones leave this world.

♪ ♪ ♪

ELEGÍA

Poesía inspirada por el profundo dolor sentido
cuando nuestros seres queridos dejan este mundo.

You came

I waited for you
and you came.
So much I wish for it and you returned.
Incomparable was the magic we lived.

I dreamt with your visit
and you did it;
and my heart palpitated with love.
I could not believe it,
but, yes, you were near me.
Yes, yes, yes you came
and even my tears emerge.

How much satisfaction you felt,
how much peace you gave to my life
and how it was filled with joy.

I waited so much for you
and you finally came and in peace I could touch the sky.

Viniste

Te esperé
y viniste.
Tanto lo anhelé y volviste.
Incomparable era la magia que viviste.

Soñé con tu visita
y la hiciste.
Y mi corazón de afecto hoy palpita.
No lo podía creer,
pero, si, estuviste cerca de mí
Si, si, si viniste
y hasta las lagrimas de alegría extrajiste.

Cuánta satisfacción sentiste,
cuánta paz a mi vida le diste.
y de júbilo también la cubriste

Tanto te espere,
y finalmente viniste y en paz pude el cielo tocar.

To Fly

To fly at last I could,
thanks my God.

I know, I did not deserve it;
and to tolerate more pain I couldn't.
I was strong and resisted
But God, you know how much I suffered.

To fly at last I could.
Thank you my God.

Volar

Volar al fin he podido,
gracias te doy Dios mío.

Sé que no lo merecía
y aguantar más dolor no podía.
Fui fuerte y resistí.
Pero Dios sabes cuánto sufrí.

Volar al fin he podido
Gracias te doy Dios mío.

Books published by Poet and Writer
Ana Arelys Cruz Cabrera
Also her first Musical Production: The Anthem to the Fathers

Libros publicados por la Poetisa y Escritora
Ana Arelys Cruz Cabrera
Y también su primera Producción Musical: El Himno a los Padres

www.ingramcontent.com/pod-product-compliance
Lightning Source LLC
Chambersburg PA
CBHW050657160426
43194CB00010B/1976